Aristote Amani Bagabo

Oméga

Aristote Amani Bagabo

Oméga

Éditions Muse

Imprint

Cover image: www.ingimage.com

Publisher:
Éditions Muse
is a trademark of
International Book Market Service Ltd., member of OmniScriptum Publishing Group
17 Meldrum Street, Beau Bassin 71504, Mauritius
Printed at: see last page
ISBN: 978-620-2-29914-5

OMEGA

L'histoire la plus belle de la planète est vraiment racontée sous diverses façons. Une histoire faite d'un carcan tout nouveau et des faits nouveaux. On ne dit pas pourquoi elle a été raconté telle mais on se demande seulement si les gens qui liront cette nouvelle version seront à la hauteur de comprendre les faits nouveaux et l'histoire nouvelle.

Dans le fond des choses on dira qui est celui qui raconte l'histoire, qui est celui qui entretien les nœuds des choses et enfin on dira dans le fond réel qui doit être sur le point de réaliser ce que l'histoire prévoit de dire dans toute son essence et sur des valeurs toute élogieuse.

C'était il y a très longtemps alors qu'une guerre sévissait dans la région, le jeune Amani Aristote naissait et tout brulait autour de lui. Les enfants criaient de faim, les corps sans vie disaient leur fin d'existence et tout ce qui bougeait était abattu et rien de ce qui vivait ne devait subsister car c'était la mort qui disait son chemin.

Quelque mois de vie, le brillant garçon vivait ses premières heures et tout marchait sans beaucoup de peine. Ce n'était pas puisque la vie avait triomphé mais puisque la malignité de son papa et de sa maman avait fait sa route et on ne disait plus comment les dernières valeurs avaient réussi à le tirer du pari de la mort.

On eut crié, on eut pleuré les choses passèrent si rapidement que certains firent les choses pour se sauver et c'est fut le cas de tout le monde. Après des pluies et de foudres, c'est-à-dire saison, les premiers pas vers l'école reprirent.

On trouva que les premières années furent paradisiaques par ce qu'il était l'objet de rire par sa logique, ses manies et ses camarades d'hommes alors qu'il n'était qu'un garnement. Ses études maternelles étaient épatantes car en effet, il parlait ainsi habillement le français, la languie officielle de son pays qu'il n'eut juste à être mis au point sur les caractères qu'il prononçait on ne peu plus habilement. Le hasard fit qu'il étudia donc à lwiro ses premiers temps pour étudier dans une école maternelle du nom de « le ciel ». Très vite, il va rejoindre sa grand-mère Wilhelmine en ville pour étudier aussi en ville et parachever son école maternelle puis primaire. Wilhelmine prenait soin de lui comme un roi : le réveillant tôt le matin, elle enfuyait du pain dans un sac avec une gourde pour qu'il aille étudier. Malheureusement sur la route, celui qui l'accompagnait trouvait toujours une astuce pour lui voler son pain et passait ainsi un avant midi à jeun lorsque ses camarades de classe mangeaient et buvaient à leur volonté.

Après son école maternelle, tout petit comme un roi, il rejoignit ses parents qui vivaient déjà en ville et commença ses études primaires dans une école destinée aux orphelins pour la majorité. Tout le monde connait cette école si bien construite, SOS-Herman Gmeiner. C'est là qu'il commença à étudier.

Un bon soir, Aristote était rentré de son école primaire et sa maman qui travaillait comme infirmière dans le même établissement où elle habitait avec son mari, toute fatiguée fit quelque leçons à son fils :

- Aristote ! viens vite ! tu as des devoirs à faire, tu dois tracer des marges dans tous tes cahiers pour que monsieur le maître sache comment apprécier ton écriture et tes travaux.
- Maman, je n'ai pas de latte ni de stylo rouge.
- Mon garçon, j'ai tout mis dans ton sac ce matin. Vérifie très bien.

En ce temps, Aristote n'avait pas le sens du débat, il ne pouvait que se taire suite à cette confirmation de sa mère. Il avait trouvé dans son école des armoirettes disposées derrière la classe où il mit tous ses effets. Elle lui en avait acheté de nouveaux et d'un coup, il se mit à tracer des marges. Après un moment, Aristote s'en dormit. Il ne pouvait que s'en dormir car c'était trop exigeant de la part de sa mère que de lui demander ce lourd travail.

A son réveil, après avoir bien mangé et fait sa digestion, sa maman lui fit quelques fessées pour n'avoir pas respecté ce qui lui avait été demandé. C'était trop affligeant mais sa maman n'y pouvait rien. C'était le mode général par lequel passaient toutes les mères de l'époque pour éduquer leurs enfants.

Après que les larmes se soient séchées, sa mère le cajola et dans ses bras Aristote s'agrippa t d'un coup l'infirmière de garde s'occupa pour lui laisser des exemples de traçage des marges et lui laissa des exercices de mathématiques.

A chaque retour de son papa, Odette sa maman ne pouvait lui dire un mot dans le sens : « il n'a pas la tête pour les maths ». Il écrivait avec une écriture pas du tout agréable, parlait éloquentement avec un dicton réussi le français.

Son père ne pouvait hocher la tête, comme pour dire : « ce n'est pas de sa faute ».

Tous les soirs à son tour, le père lui laissait des vocabulaires mûrs pour bien le permettre de faire aisément ce qu'il maîtrise facilement.

Et dans un trimestre, le petit garçon pouvait épater les visiteurs qui passaient voir les parents à la maison. Et son instruction à l'école primaire augmentait du jour au lendemain. Très calme, très silencieux et un peu turbulent. Plus il grandissait, plus il avait du goût pour les jeux. Allant très propre à son école, il rentrait de lui-même comme une gorgée.

Les années passant. Son père rendit disponible une voiture pour le chercher ainsi que trois de ses petits frères : deux filles et un garçon, dans la même école où il étudiait.

Il devenait proches du milieu universitaire car ils vivaient autour des étudiants et pouvaient facilement saisir leurs travaux de fin cycle pour recevoir en contrepartie un peu d'argent que sa mère prit pour ses soins. Il avait fini ses études primaires et fut inscrit dans une école des ecclésiastiques du nom de Notre Dame de la Victoire.

Ses premiers pas furent taciturnes dans cette école. Car tout le matin fatigué, il se rendait aux environs de 5 km pour étudier dans ce collège qui se trouvait dans le centre ville.

Les enfants issus des familles très riches étaient ses camarades avec des enseignements si rigoureux. Une récréation donné, il fit connaissance avec un de ces amis qui changera de classe en deuxième cycle d'orientation.

- Bonjour ! je suis de prénom Aristote, mon nom Amani Bagabo, j'habite en commune de kadutu. Je te trouve très heureux dans ma classe. Que fais tu pour l'être ? Je voudrais porter les mêmes attraits que toi.
- Bonjour je suis de prénom Jérémie, j'habite la commune d'Ibanda, dans le centre ville. Mon nom est cishibanji. Je suis heureux parce que je trouve les comportements de mes nouveaux camarades très puériles. Ils sont apparemment moins intelligents et parlent beaucoup pour ne rien dire. J'ai repris de classe et mon premier cycle d'orientation, je le fais deux fois.
- Et ta joie tu la trouves où ?

- Oh ! Aristote ! j'ai appris à me défaire de tous les soucis tu n'habites pas le centre ville sûrement tu dois être frustré mais un conseil soit plus observateur pour ne pas glisser dans trou comme je l'ai fait l'an passé.
- Je comprends Jérémie.
- Et puis mon petit ! tu as l'air fatigué tous les avant-midi. Seras-tu à la hauteur de passer ton cours de gymnastique cette avant dernière heure avant la sortie ? Je l'ai constaté depuis un moment quand tu es en classe. Quoique je ne te connais pas encore.
- J'habite loin du centre-ville à 6 km ou 7 km d'ici. De fois, faute de me réveiller tôt, quand je rate le bus et cela fait que je suis obligé de passer cette trajectoire à pied, en allant comme en rentrant.
- Courage mon petit. Tu es déjà grand. Comme on est vendredi. Demain je t'écrirais un e-mail pour rester si proche de toi tous les weekends lorsqu'on n'a pas cours. Aussi réveille-toi tôt. Tu me feras plaisir. Tu n'as pas de téléphone, j'aurais à t'appeler chaque soir pour te demander de relire tes cours et de te réveiller tôt le jour suivant.
- Tu es sincèrement gentil. Je prendrais avec aise tes conseils et je ne te décevrai pas. Je ferais un effort pour la gym. Je ne suis pas un mal nourri.

- C'est bon mon ami. Et puis pense à une fille à qui avouer ton cœur. On est au centre-ville. Tout le monde est pair.

A cet instant, Aristote rigolant d'une voix forte et quand il voulait s'expliquer la sonnerie de fin de recréation sonna et il devait courir derrière les rangs pour ne pas se laisser punir inutilement.

Jérémie assoiffé d'entendre ce qu'il lui dirait lui rappela qu'il en parlera dans son email et il attend de moi une réponse mâture c'est-à-dire adulte car chaque fois il lui disait l'école primaire est passée, on porte désormais des pantalons. En ce temps là, les élèves du primaire portaient des culottes et ceux du secondaire des pantalons.

Les heures passèrent vite et la fin de la journée connut son paroxysme. Les weekends sont ouvrables dans ce collège. Le samedi devrait sûrement être ouvrable et de coutumée, le port de l'uniforme n'est pas obligatoire. Les filles se vêtent de belles robes et les garçons de beaux pantalons et autres types de vêtement décent pour mieux paraître. Les 7 km devraient se faire à pied comme d'habitude au retour. Le collège alfajiri avait deux grilles : la première qui est contigüe avec le mûr du lycée cirezi et la deuxième, interne, qui donne sur le gros bâtiment de l'école et ouvre directement sur un hall d'attente parachevé d'un escalier et un terrain de football d'une verdure si tendre qu'on croit être en face d'un tableau photographié.

La sirène de sortie retentissant, les élèves du cycle long supérieur et ceux du cycle d'orientation accourait vers la sortie, la grille interne pour se rendre à la maison ; traverser la deuxième gille et se confronter à la foule des filles, belles pour la plupart d'entre elles et surtout coquettes qui aussi tantôt prennent le taxi pour rentrer chez les siens ou tantôt restent pour l'étude de l'après-midi et s'approvisionnent des chiens-chiens, ou petites pâtisseries en triangle où l'on mélange des pommes de terres cuites et battues avec une couverture de patte séchée à base de la farine de froment ; couverture dans laquelle on a souvent de la viande ou seulement des pommes de terre cuites et battues.

Aristote quant à lui n'était pas épargné par cette cantine. Il était sorti presqu'en dernier car son nouvel ami avait pris les battants de la porte, rigolant avec une camarade pour qui sûrement il avait un faible. Leur classe était à l'étage, une fois les escaliers descendus alors que les élèves des autres classes faisant la propreté de leurs pièces avec de la soie ou reste des sillages de bois qu'il fallait jeter par terre et racler avec un ballé pour facilement laisser la poussière.

Face au terrain de basket plein de ses joueurs puis au terrain de football dompté de plusieurs équipes de football, c'est qui veut dire plusieurs matchs sur un seul gros terrain respectant approximativement les normes de la FIFA ou Fédération International de Football Association, pour donner à la première grille.

L'espace entre ces deux grilles avait deux allées, une de gauche, pour celui qui descend, pour les voitures montantes et une de droite, pour celui qui descend toujours, pour les voitures descendantes ; lesquelles étaient plus parsemées des écoliers que des voitures. Les au-revoirs faits selon qu'on avance, Aristote devrait rompre avec sa timidité pour passer la deuxième grille après laquelle les filles sont nombreuses et toute belles que jamais. Au moment de la traversée de la deuxième, l'effroi devenait grandissant. Que va-t-il faire ? Ou simplement marchant en se redandinant. Il avait maintenu son sang froid et tout pressé il passait si rapidement, demandant pardon au passage et laissant un regard par terre pour ne pas croiser le regard de ces filles. Le cheminement n'était pas facile mais il eut fallu en arriver là. C'en était le cas tous les jours à ce point qu'il s'en habitua et devint serein chaque fois qu'il passait par l'endroit. Seulement qu'une pensée le perce pertinemment : « Trouver un cœur à aimer car en ville on est pair ».

Arrivé fatigué à la maison, Aristote prit son repas et sans s'en rendre compte, il se laissa emporté par le sommeil pour se réveiller à 20h30 pour refaire ses devoirs ou étudier dans un bâtiment de 7 étages à son sixième et revenir manger le repas de la nuit et préparer les beaux vêtements pour le samedi qui allait passer comme tous les samedis et prenant fin à la quatrième heure. L'après midi ou le début de soirée étant effectif, Aristote se rendait au cyber café pour lire ses emails et de petites recherches le promettant personnellement.

Il y prenait souvent une heure ou 30 minutes jusqu'à frôler les heures de soirée commençantes. A peine l'ordinateur en veille remis en marche, Aristote n'hésitait d'introduire les entrées ou les identifiants pour se connecter à sa boîte email qu'il aurait crée quelques années plutôt. Jérémie lui avait laissé un message. Il y était direct et dans ses profondeurs, il disait :

« Très cher Aristote, je pense que mes solutions te parviennent bien comme l'indique l'objet du message. Nous venons de faire connaissance, et sûrement je pense que nous déboucherons à une issue qui engage la plupart d'entre nous.

J'habite NGUBA et je bénéficie d'une connexion internet à la maison, une éventualité qui me laisse ouvert à toi quand il en faudra. Pour toi, ce n'est sûrement pas le cas mais de toute évidence j'estime que nous écrirons tous les weekends pour permettre de nous lier quand nous ne sommes pas ensemble.

Je t'ai dit d'être pair l'autrefois. Ce n'était pas pour blaguer, c'est juste que je voulais comment fonctionnent les choses de côté de la ville. Avec mes soins, tu comprendras comment s'y prendre.

N'oublie pas de préparer ta tenue pour le match de football qui aura lieu le mercredi.

Amicalement, Jérémie »

Le texte était bien disposé en son écran et si facilement il lisait les confessions et ses souhaits avec un large sourire à ce point que le chargé de réception l'apercevant au loin, secoua la tête en murmurant par ses lèvres :

- « les enfants !»

Selon les habitudes des clients du cyber, il y avait plus fréquentations sur des films pornographiques à ce point qu'il fit inscrire en grande figurine sue les rayons de livres qui se trouvaient dans ce cyber.

- « Interdiction de suivre des films et visualiser des images pornographiques. »

Pour Aristote, il avait remarqué une telle complicité à ce point qu'il pensa qu'il s'agissait émail d'amour. Il n'avait pas à son tour donner une réponse non achalandée mais si cordiale que tout le monde voudrait la lire :

« Mon ami Jérémie,

Je reçois avec intérêt ton message et je me réjouis de le lire. J'ai compris que mercredi nous avons un match de football et je ménage mes efforts pour que dès ce soir nous puissions être en accord sur la préparation des kits à utiliser ce jour-là.

Pour la bipolarité, je dois t'avouer qu'il est une fille du nom d'Emmanuela d'un teint brun et de courte taille que je me plais à lorgner lorsque nous étions rangés pour entrer dans nos classes. Elle est belle et rien qu'à la regarder je suis pleinement satisfait. Je n'ose pas lui parler mais le samedi prochain dans la salle de dessin je tenterais de lui dire bonjour et mon cœur atteindra sa plus grande satisfaction.

Avec le souci que ce message te parvienne en bonne état, je te souhaite un valeureux weekend. »

Il l'écrivait si bien comme un journaliste car quelques années plus tard, il trouvera de bonnes raisons d'avoir à écrire des lettres du genre profitant de la connexion internet d'une maison de radio qui fera des choses plus élégantement et cette suivante photo témoigne de son jeune âge tout laborieux comme on ne le croira jamais.

Aristote s'était laissé affranchir de ses sentiments, cela devrait être une deuxième vague d'affectation après les études primaires. La fille de laquelle il parlait était vraiment belle et étudiait dans la classe d'à côté et c'est en fait là qu'il pouvait la regarder dans les yeux tous les matins, toutes les recréations de dix heures et plus encore toutes les sorties. Il ne lui adressait aucun mot et ne l'approchait que de 6 à 7 mètres pour regarder ses pieds, sa face et l'aimer de si loin car il adviendra qu'il ne lui adressera la parole que deux années plus tard quand ils commenceront à étudier ensemble le latin dans la section littéraire.

Les temps de pause passait dans des rêveries et il n'y a pas que ça qui l'effleurait. Un bon samedi alors qu'il faisait beaucoup froid. Il prit sa jackette et se rendit à la maison très vite. C'était au 6ieme étage de l'ISTM ou Institut supérieur des techniques médicales, une institution académique de la place où avait travaillé son père et où continuer de travailler sa belle maman Odette de prénom et de nom complet KYABU MUTWALE. Dans sa chambre, il y avait un ordinateur qu'il utilisait rarement car au salon il y avait un autre qui semblait plus adapté et plus avancé dans la production des données. C'était tous des ordinateurs desktops C'est-à-dire dans le language de tout le monde, des ordinateurs fixes. Ce même salon, était très vaste, il y avait un gros salon avec deux types de canapé, un pour les mieux venus et pour la famille lorsqu'il n'est personne et un autre avec des velours tout simple pour accueillir tout le monde sans distinction.

Le retour de la maison fait, son petit frère David n'était pas là car en effet et pour être très sûr que tout marchait en sa merci , il fallait trouver un moyen de revoir son petit frère. Ayant posé à tout le monde qui se trouvait dans la maison , il reçut une réponse dubitative selon laquelle il serait parti dans un groupe d'acolytes dans l'établissement suivant , celui du Dr lurhuma ou un plan de l'Université catholique de bukavu. Sûrement, il avait déjà appris que son petit frère fréquentait le lieu et de fois attisé par un désir incompris, il se disait aspirant a la prêtrise et que le chemin débutant était de procéder par les acolytes pour cheminer peu à peu vers une compréhension toute satisfaisante de bien de valeurs. Pour lui devenir prêtre était un zèle à expliquer aux chrétiens ce que le modus vivendi réclamait. C'était une tâche qu'il ne savait comprendre par ses souhaits à l'époque. Le calme était son apanage. Il faisait les choses avec beaucoup de soins , beaucoup d'ardeur et une série de faisabilité toute inébranlable sur les options qui nécessitent de faire la gloire pour ce métier qu'il se disait entamer sans en savoir les contours.

On avait appris quelques mois plutôt qu’il était en conférence et il y avait fait des prodiges inimaginables qu’on ne saurait jamais comprendre d'où il tirait ses compétences dans tous les domaines où il exerçait une quelconque tâche.

Les escaliers de ces six étages mis à terre, il était quelque peu esssouflé, traversant la route, il aperçut des filles toute joyeuses qui jouaient au ballon de tennis.

- Les filles ! N'auriez vous pas vu mon petit frère David ?

- c'est fort probable qu'il soit à l'intérieur car il y a une demie-heure, qu'il est passé par ici tout hâtif entrain de prendre soin de rencontrer ses pairs acolytes.

- merci de pouvoir m'éclairer, je vais prendre soin d'entrer et le chercher pour voir de si près ce qui l'attise à appartenir à ce groupe.

- Tente aussi ta chance ! Vous avez du charisme rien qu'à vous voir marcher .

En ce moment, il sourit à ce point, ces filles se sentirent bien en place d'avoir abordé un beau garçon.

Le couloir achevé, il ouvrit une porte et aperçut des garçons qui tentaient de danser, c'était la répétition des danses où les cadets apprenaient en avance à danser pour exécuter l'apprentissage à l'autel pendant que la messe prend son exécution.

Au vu de sa présence, les cadets lui indiquèrent la porte où les adultes sont réunis et où il eut à entrer pour faire parti nouvellement de ce groupe d'acolytes ou servants des messes

- oh! Aristote ! Cela fait très longtemps qu'on attendait à ce que tu viennes vers vous. Avec un cœur plein d'amour, nous vous approchons !: Disons Lucien Iwiyando qui devrait être le secrétaire du groupe.

Aristote surpris qu'on le connaissait déjà , il souriait profondément et laissait un petit rire s'échapper de sa bouche pour une réceptivité à l'égard de celui qui l'acceuillait avec beaucoup de soins et beaucoup d'amour non seulement pour la spiritualité mais aussi pour la confrérie ou disons la fraternité d'appartenir au même quartier ou avenue , de jouer de temps en temps aux mêmes jeux et finalement d'appartenir au même groupe.

A l'idée d'appartenir à ce groupe, Aristote sentait une intégration pratique à l'église catholique car autrefois il s'agissait de participer aux messes dominicales : écouter les lectures, professer la foi, sanctifier le pain, et le vin, dresser une offrande, communier au corps et au sang de Jésus , faire une action de grâce et partir après les diverses communications que l'on peut avoir pour ses soins et pour une force toute réalisatrice et prenant en jeu la vie de tout humain. Ce n'était plus leurs affaires mais cela devenait de plus en plus une affaire de tous car coofficier à l'autel avec le prêtre était une expression sublime de ce qui devait advenir dans les jours à venir et pour les soins de certaines validités qui lui étaient épargné avant d'intégrer ce groupe.

Ce n'était pas trop exigeant pour lui, chaque weekend après les cours, il prenait part aux réunions avec les adultes où il lisait l'évangile en question et faisait de leur manière pour donner des informations diverses qui vont dans leur manière donner de l'entrain à la manière de procéder, la manière de vivre ensemble. En plus de cela, il bénéficia d'une formation rapide de comment nommer les objets liturgiques, dresser le missel ou le livre dans lequel le prêtre puise ses prières et la procédure de dire la messe, et enfin ranger les vêtements liturgiques qui vont devoir permettre à tout un chacun de s'habiller avant de procéder à la célébration de la messe ou de l'évangile.

C'était pour Aristote les débuts pour lui d'écouter de si près les valeurs du service et les manigances pour appartenir à Jésus car c'était lui qui était le centre de toute l'action de son intégration dans ce groupe. Autrefois , il apprenait des choses et passait pour bien d'autres choses mais n'était pas trop probant pour les valeurs qui étaient prônées. Certes, c'était un bon garçon mais pas si proche de Jésus comme son intégration dans le groupe.

Très vite , il va gravir les échelons : devenir secrétaire puis chargé des répétitions des cadets jusqu'à devenir président de ce groupe où il coofficiait avec les prêtres programmés sur tous les évènements de l'année liturgiques ou mode d'arranger les évangiles de manière cohérente pour atteindre une année jour pour jour et cela en changement chaque année jusqu'à la troisième année pour répandre les programmations de la première année.

C'était un temps de brillante fraternisation avec ces nouveaux amis ou collègues acolytes qu'il menait désormais avec beaucoup d'entrain avec de profondeur aux côtés de ces études secondaires qu'il menait si parfaitement bien dans une catégorie toute valeureuse et d'une appréhension si généreuse pour raconter aux plus jeunes . Un événement très capital arrivera dans ce groupe, un bon samedi où il était programmé que c'est soit lui qui lise et explique l'évangile du jour de l'Assomption de la Vierge Marie et son couronnement comme mère de l'univers, ce que lui appelera des années plus tard la mère de toute chose car l'univers lui même était trop petit.

- Aristote, vous allez devoir nous faire la lecture de l'apocalypse 12 jusqu'à un verset avancé et nous en faire une prompte explication disait Lucien et faisait insister le responsable du groupe avec une telle énergie d'apprendre ce que le nouvel arrivant aller dire au regard de sa personnalité si valeureuse.

Aristote n'était pas du tout embêtant car il avait quand même une base qui le permettait de placer un mot sur les aspects des écritures.

Il prit la parole et dit :

- je suis dompté d'une révérence si inébranlable que de vous parler en ce soir, non pas pour dire que tout est facheux mais pour nous assurer le bon Dieu vous a choisit pour pénétrer votre coeur dignité.

Il disait ça avec une rigueur d'hommes qu'on eût cru que c'était lui même l'écriture qu'il devait raconter avec beaucoup d'ardeur. Et plein de ces quelques paroles, les âmes gagnées se mirent à applaudir avec une telle énergie que l'orateur se mit dans un gros silence pour apprécier le décor que l'on plantait à ses soins pour qu'il les assiège avec un tel calibre tout vibrant.

En ce moment que le silence reprit son arène, il se mit à lire l'écriture de l'apocalypse avec une telle grandiloquence que même les renégats devaient prendre le chemin de la foi et prendre le cap de l'évangélisation avec une rigueur si forte et d'un charisme tout vivant.

On ne pouvait comprendre d'où venait cet état d'esprit et de quelle manière il parvenait à entremêler les phrases les unes sur les autres pour arriver à un exposé apparement se l'étant approprié pourtant c'était une écriture lue.

Après la lecture, il laissa passer du temps pour souffler car tout le monde était acquis à l'idée de savoir ce qu'il allait donner comme entendement sur l'écriture. Il fit un sermon inoubliable jusqu'à ce point qu'un membre se mit dans l'effroi car ne sachant pas auparavant les yeux qui devaient se déduire de la plus grande compréhension et de toutes les valeurs si profondes qu'on ne saurait cacher :

"La femme vêtue du soleil est drapé de ce soleil, c'est la vierge de l'éternel roi des rois qui se manifeste toute brillante comme les couleurs de l'aube. C'est une faveur toute puissante qui se manifeste en elle pour montrer à l'univers combien elle est belle, puissante et surtout domptée d'un pouvoir si inimaginable à ce point qu'on ne saurait le mesurer avec une grande importance.

Avant d'être une reine, elle a du passer par l'enfantement et cachée du dragon qui voulait dévorer le fils , c'est l'image inimaginable des combats qu'elle a dû mener pour élever son fils afin de marcher dans la dignité du père car échouant , le dragon allait dévorer ce fils, c'est à dire mettre fin au règne de Dieu sur la terre et engager une lutte de Dieu sur les autres sphères de vie.

L'ayant aimé jusqu'au bout, Dieu lui même protégera la femme et l'enfant en des lieux pendant longtemps en attendant la croissance de l'enfant car à sa maturité, il aurait un pouvoir inimaginable pour se protéger lui-même et protéger ses enfants ou dirais-je au large , protéger les siens.

C'est alors qu'échouant un tiers des anges du ciel qui marchaient avec le dragon se précipitèrent dans les ténèbres et une autre partie sur terre pour laisser souffrir avec tous les humains cette colère d'avoir échoué de remporter sur le monde , c'est-à-dire de faire échec à Dieu.

Malheurs aux humains qui ne vont pas comprendre qu'il est une guerre que chacun devrait prendre une décision de choisir son camp qui est soit de vivre éternellement dans le bonheur soit de vivre à la lutte du bonheur dans l'éternité pour finir par ne plus exister.

S'il eût fallu que je termine, je vous laisserai admettre que l'heure est grave et qu'il faudrait être vigilant pour ne pas tomber et vibrer sous le joug de l'échec éternel.

Ainsi soit Jésus notre Dieu."

Quand finissait cette ferveur de dire , tous les membres écoutant eurent une telle frayeur à ce point qu'ils eurent froid au dos, le courant s'etant interrompu, ils eurent davantage froid et tous entre eux pouvaient entrevoir leurs yeux tout blanc dans le sombre et courageux ils applaudirent vaillantement avec des exclamations.

C'était si harmonieusement dit que chacun commençait à faire son choix sur ce qui devait advenir, un choix tour fervent qui provenait du plus profond de leur cœur et encore dans la joie la plus immense de voir non pas sauvé car nous n'en sommes pas là mais du côté de ceux qui bataillent pour le bonheur et encore l'ardeur de faire régner la vie car les précipités eux se battent contre la vie car ils ont perdu prestance auprès de la plus grande puissance qui les a vu créé et qui a fait de ses mains toute chose.

L'un après ils sortirent après avoir allumé un chandelier pour que la lumière vienne en cette pièce et que tout brille avec une si grande énergie et qu'ils prennent le chemin vers leurs habitudes les plus habituelles et les plus répétées.

Pour insister , une acolyte du nom d'ornella lui dit tout ouvertement :

- Aristote ! Tu nous a fait peur, voici qu'on a du mal à rentrer chez nous car simplement nous désirons te réécouter autant de fois possible jusqu'à ce que la vérité soit étanchée et que toutes les options marchent avec une telle énergie pour nous donner tous un rôle dans ce combat.

- Ornella, ce que je dis n'est pas vraiment le fruit de ma raison mais l'inspiration de prétendre dire ce que quelqu'un aurait vu où essayait de comprendre voilà qu'il essayait d'écrire.

Ce sont des textes que certains ne pouvaient comprendre à leur époque mais lui demanderait beaucoup de temps pour le comprendre.

Entre eux, les uns sentaient un goût de s'approcher de lui et Ornella pour continuer de discuter alors que les portes de la sacristie où ils se réunissaient se fermait que les lampes s'étaignaient car les chandeliers avaient été éteints pour laisser placer à la lumière du courant électronique courageusement, Peter et Lucien continuait de laisser un petit mot sur cet éclaircissement qui devait être un conte des chimères pourtant il vivait tout le contraire car l'humain a toujours voulu entendre ce qu'il veut entendre pour son essor et pratiquement pour son intérêt.

- Aristote a laissé une lumière dans mon cœur avec son éloquence de collégien, il m'a donné l'impression que le temps s'est arrêté et qu'il n'y avait plus rien à faire que de nous battre disait Peter à Lucien.

Lucien quant à lui demandait à Augustin dima de devenir un prêtre car le seul moyen de se battre était de porter la toge selon lui.

Ils oubliaient en effet que le plus grand moyen de se battre était d'aimer car les vrais péchés ou manquements à la bonté était d'aimer car arrêter d'aimer son prochain et son Dieu était un moyen de définir dans le camp adverse car ceux-là ont été précité des cieux car ayant arrêté d'aimer Dieu et delà manigacant toute option pour faire échec à toute son œuvre et faire échec à la Divinité car Dieu est l'essence de l'amour et à fait toute œuvre par amour curieusement comme inspiré de quelque chose Augustin se mit à dire aux siens :

- prenez le temps de nous confesser car les dix commandements vous les avez piétiné et avec ce rythme vous ne pouvez prendre de l'envol vers cette bataille lancé par les anges déchus.

C'était normal qu'il s'exprime ainsi, il oublait que les dix commandements ont été inspiré de Moïse pour gérer la dureté de leur cœur et la difficulté a se rapprocher de Dieu. Ces commandements étaient des gardes fous qu'il fallait utiliser pour ne pas tomber de l'autre côté des marches car la nature humaine a ses faiblesses qu'il fallait interdire certaines choses pour qu'elles ne nuisent pas a la vie car la vie en ces temps là était négligé ou piétiné qu'il s'agisse de la vie entre les hommes ou de celui qui a donné cette vie.

Les adieux furent fait avec beaucoup de nostalgie cette soirée là que chacun d'entre eux murirent l'idée de donner à Aristote une responsabilité pour qu'il aille pas si loin qu'il continue d'oeuvrer pour le groupe et cela avec hardiesse. C'est ainsi que les jours qui suivirent ; il se chargea de faire répéter les danses au cadet puis il deviendra secrétaire et enfin président. A ces enfants, il apprenait le latin, les faisait suivre certains films et si peu d'anglais.

Les vacances devraient arriver, ce fut la troisième littéraire qui s'achevait. Tout naturellement au collège, il devenait un ras de bibliothèque qui lisait des romans et des romans alors un beau jour il tomba sur roman qui allait construire toute sa vie d'homme de lettre dans cette institution scolaire. Il tomba sur le roman d'Hector Mallot dans le titre de Sans famille , il eut une vertigineuse ces vacances là de faire revivre ces récits dans la vérité mais il n'en arriva pas car c'était faramineux car le pauvre ne devait avoir que 15ans seulement pour avoir éberlué ses aînés d'un poème de 112 strophes qu'il avait composé sur Jésus.

Petit à petit, Jésus c'était approché de lui sans qu'il s'en rende compte. Ce même Jésus le mettait sur le chemin de l'instruction aride pour qu'il parvienne un jour par se servir lui.

Ce n'était pas se servir de lui mais juste car Aristote lui même apprenait à connaître Jésus au travers des retraites, des messes, ses lectures des textes et plus encore son mode de vie avec les siens.

Comme tout garçon de son âge, il pouvait tomber amoureux mais ne s'exprimait pas car la profondeur des choses qu'il recevait de ses exercices de culture habituels lui laissait voir le monde d'une autre manière. Il revivait tous les anciens siècles en un jour. Toutes les vielles sensations eu des jours et même des semaines.

On ne disait pas de lui un athlète car enfin de compte déjà en quatrième, il pouvait jouer dans l'équipe scolaire de football. Il faisait des exploits dans la parascolaire qu'à ce point qu'on y reconnaissait beaucoup que dans tout le reste des choses. En cette fin d'année, il avait commencé à s'approcher de la Divinité que l'amour pour la Vierge Marie grandissait.

Un beau jour, priant avec sa maman , il apprenait que Marie faisait des miracles et sa maman lui recommandait de se rendre aux endroits où le mouvement marial faisait réciter aux gens le rosaire et qu'après ces cérémonies, la vierge parlait les malades guerrissaient. Tout imbu de son savoir Aristote se disait se rendre entendre la voix de cette femme hor pair qui pouvait faire des prodiges. Aristote ne s'y rendait pas prier, il se rendait faire la rencontre avec cette femme pendant une veillée de prière qui était organisée.

Il s'y rendit très vite et n'entendit aucune voix. Il se rendit jusqu'aux lieux où le tabernacle était déposé mais il n'entendit aucune voix et ne vit rien de si spécial. Cette nuit préparative de la nouvel an avait été si longue car les pratiques habitués faisait de longues adorations, des messes pleins d'intention jusqu'à ce point les seules options etaient de rester y passer la nuit ivre de sommeil ou simplement de partir chez soi. Ils chantaient, louaient, lisaient des messages , selon eux de la vierge et de tout cela Aristote n'avait entendu aucune voix. Pour lui il devait se passer quelque chose d'extraordinaire pour qu'il confirma que Marie était de passage mais il n'en était pas tel. Au contraire, il y en a qui souffrait des migraines pour n'avoir pas dormi et passait la journée de la nouvel an endormi ne pouvant bien manger , boire danser bref, fêter pour l'année commençant afin de lui donner tout son entrain. Au contraire, Aristote trouvait des jeunes dansant aux rythmes de paix et de joie à ce point qu'il prit la décision de faire comme eux, danser et rendre grâce pour cette femme qu'on ne voyait mais qui donnait du goût à plusieurs de se rassembler pour la joie, la paix et l'amour. C'est ce matin même qu'il accepta de s'appeler Aristote de La Mère de Dieu car c'était un premier janvier. La Mère qui fit toutes choses. C'était pratiquement fort que trop tard dans les jours à venir ce nom parut officiellement sur ces documents d'identité comme le passeport.

Cet attachement auprès de cette Reine l'avait pris le cœur qu'il décidera de créer dans son école une occasion pour certains élèves de se rassembler pour l'adorer. Celle qu'on dit de tous les mots : la toute puissante, la plus belle de toutes les femmes, la tendre de toutes les mères.

De fois on entendait en petit nombre des chants richement mélodieux qui provenait la plus part des samedis soit de la chapelle soit d'une petite classe qui longeait l'étage supérieur de cette architecture coloniale et bien dressée où on pouvait apercevoir de têtes des lions qui laissaient passer de l'eau lorsque la pluie envahissait le couloir et plus encore certaines de ces classes lorsque les portes ou les fenêtres supérieures sont fermées. Une chanson composé par Aristote fait record par ce refrain :

En tes tendres mains

Nous trouvons grâce

En tes appels nous trouvons le salut

Plein de bonté et tendresse

Nous serons à jamais à elle.

C'est alors que par une inspiration hors du commun Aristote se mit à comprendre comment l'univers a pris des débuts et de comment il serait fait sa fin. On ne pouvait comprendre le monde devrait prendre fin car l'univers lui ne pourrait prendre fin c'est le monde des hommes qui devaient prendre fin car il a été plusieurs millénaires convoité par l'ennemi, cet ennemie apparemment grand qui oubliait que le plus grand c'était celui qui maîtrisait le début des choses dans toute l'intégralité et dans la profondeur si inébranlable.

Qui était celui qui maîtrisait les choses mieux ? On ne peut pas douter que ce sont les Divins qui maîtrisaient les choses dans leur profondeur et qui voudraient maintenir son être dans l'univers. Sans qu'on le sache des créatures ont été faites à la genèse des chose. Jésus qui était la première créature faite par Dieu et qui était aussi

Dieu avec le temps puis la vie la deuxième créature qui était si belle et si tendre faite des mains de Dieu et qui est devenue Dieu avec le temps puis le regard qui était la créature qui était faite au départ pour protéger toutes les créatures contre les rebelles qui seront très nombreux et qui vont tous descendre sur terre lorsqu'ils apprirent que la première créature va venir sur terre par le canal du corps et des décisions qui la suprême créature qui n'a pas été faite celle qui a faite toutes les choses ces dernières choses qui ont généré aussi d'autres choses ou d'autres créatures. La suprême créature non créée est une Déesse, celle qu'on dit l'épouse qui finira un jour par être épousée et par là tous les règnes seront réunis pour célébrer dans toute la splendeur cette félicité cette grande ouverture vers les choses les plus tendres. Cette Déesse, cette épouse sera épousée par la quatrième créature qui n'a pas été créé l'amour. Ils se connaissent depuis des vieux chemins attendent des jours bien choisis pour se rencontrer et s'epouser. Toute les puissances seront au rendez-vous et chacune avec elles ses créatures, Jésus le désir , la vie avec ses créatures comme l'aire, le vent et bien d'autres choses à point nommé. C'est un jour qui se passera sur la terre la créature de la Déesse, celle que les gens nomment Marie, celle qui a toute faite, celle que désormais les créatures appeleront Cassandra. La Déesse qui a choisi de vivre dans sa créature le corps pour vivre avec l'amour qu'il va rencontrer dans sa nature c'est a dire dans le corps de l'homme. L'amour vivra comme Dieu et Dieu fera des prodiges comme lui. Les premières créatures étant Dieu seront appelés Dieu et la Déesse vivra avec eux sachant bien que l'amour sera son époux pour toujours. Ils auront des enfants sur la terre et dans les cieux qui est compris comme un autre univers où ils vivent paisiblement. L'univers de l'homme sera dit en mot la terre où les hommes bien choisis auront à vivre dans toute la tranquilité pour des jours sans fin. A leur mort ou au jours de la fin qui commencera par les noces de l'épouse les bons disparaîtront pour aller vivre dans un lieu sûr en attendant que la terre soit faite de nouveau puisqu'elle l'ancienne sera brûlée par la créature de la vie le Soleil. Elle sera tellement brûlée entièrement que de nouvelles choses adviendront et sur place il feront nouvelle vie. Ils travailleront pour refaire leur maison, il n'y aura plus de nuit les jours seront successifs mais apparemment semblable. Tout sera heureux car la grande créature contre l'homme la douleur sera déjà mis à mort et la mort aussi disparaîtra. Ce seront des jours heureux pour l'humain et ils vivront paisiblement.

Dans une façon très intéressant, les vivants devront avoir peur du Diable celui qu'on appelle l'ennemi celui qui a motivé toute la créature de Jésus pour venir sur terre et semer le désordre c'est notamment les anges. Ils ont été tous déchus et sont tous morts car ils naissaient eux aussi du sein des mères de la terre pour venir se moquer de Jésus qui était le vœux et cela pour mettre fin son existence car ils pensaient que Jésus était l'unique Dieu et que mettre fin à son règne serait comme mettre fin au règne de l'univers.

Ils ont fait des dégâts inimaginables sur la terre ces créatures de Jésus , des dégâts très grands , ils avaient de responsabilité de perdition et tous avaient au pied leurs Dieu: le mensonge, la vérité et la hantise. Ce sont ces trois diables qui ont fait souffert le monde depuis les vieux temps. Ces diables ont fait créé la rébellion lorsque mille ans avant la naissance de Jésus sur la terre pour mettre fin à son règne. La Déesse est descendu sur terre, c'était une fille qui pleurait tout enveloppait devant une porte des vieux parents qui n'avaient pas d'enfants et ils prirent cet enfants avec eux, très loin elle va donner naissance à Jésus sa première créature après quoi ils vont vivre ensemble. La venue de la Déesse sur la terre et de sa première créature était fait pour que la terre sache le danger qui lui guetait et qu'il connaisse son avènement nouveau.

Ces anges qui feront des dégâts vont être de chefs religieux, de grands empereurs, de haute personnalité sur la terre croyant chaque fois que l'un d'entre les millions pourraient prendre le règne du seul Jésus qu'ils connaissaient. Le tout dernier a faire son chemin est pape qui aurait démissionné sous le nom de Ratzinger. C'est le tout dernier ange déchu qui voulait faire advenir son propre règne sur la terre. Ils étaient donc divisés et se battaient tous les uns contre les autres et cela n'avait pas de fin , du grand nombre des milliards seulement un seul en est resté. Il y avait aussi des africains, des gens de toutes les cultures et de tous les peuples.

Printed by Books on Demand GmbH, Norderstedt / Germany